AF258143

NOS SOUHAITS.

Hommage à Sa Majesté

L'EMPEREUR,

Pour le premier Janvier 1854.

Vous qui des arts portez haut les bannières,
Vous poëtes aux chants sûrs du chemin du cœur !
Et vous Rolands promis à plus d'un champ d'honneur,
Au bruit des fanfares guerrières
Mêlez ce cri de gloire et d'amour de nos pères :
« Vive Napoléon !... vive notre Empereur ! »

Refrain d'un Hymne impérial, chant de victoire de fils des géants du premier Empire.

Lille, 31 Décembre 1853,

P. LOISEL,

auteur de plusieurs publications napoléoniennes.

LILLE, TYP. DE BLOCQUEL.

LB⁵⁶/119

Se vend : 50 centimes

Chez l'auteur , rue Maugré , N.º 6 , à Lille ,

et chez les principaux Libraires de la même ville.

ON ANNONCE DU MÊME ÉCRIVAIN ,

-POUR PARAITRE PROCHAINEMENT :

Le Jour des Rois 1854 , poésie (deux feuilles d'impression).

Le Champ-de-Mars , ou appel des Gaules au jugement de Dieu, prose (trois feuilles d'impression).

L'Hymne Impérial , chant de victoire de fils des géants du premier Empire.

N. B. **M.** Loisel s'engage à continuer l'envoi de ses publications Napoléoniennes , aux journaux qui lui expédieront un numéro du compte-rendu de ses communications bénévoles.

À Messieurs SCRIVE frères, à Lille.

Messieurs ,

Dans l'antique Athènes , sur l'autel que des malheureux avaient seuls consacré à la Clémence , leurs modestes offrandes de quelques fruits , de simples fleurs , d'une mélopée tout-à-l'heure populaire , réunissaient à la sainteté du sentiment religieux les plus doux parfums de la nature , de la poésie et d'une spirituelle tendresse.

En 1810 , pendant un voyage de Napoléon I.er à Bruxelles , un modeste employé déjà quelque peu connu pour des succès académiques , avait trouvé de l'esprit dans son cœur pour célébrer le Vainqueur du Nil et de l'Ausonie , qui , rassemblant les monuments épars du génie et de la valeur , transformait la France en un temple des arts. La petite-église de l'ironie , qui dès-lors commençait à poindre , eût très-volontiers fait expier au poète son enthousiasme exempt de haine comme de crainte ; mais l'administration de ce temps-là n'avait pas de complaisances pour les ennemis de l'Etat , soit de l'Empereur ; notre écrivain n'essuyait donc d'autres tracasseries que les inconvénients de médisances-à-la-main , de sommations minatoires de silence , d'insultes vespérales dans la rue , de calomnies anonymes de toute sorte , quand l'autorité fut pressée de couper court à ce lâche remue-ménage : une récompense d'une rare distinction venait d'être assurée à un zèle trop vrai pour demeurer méconnu , bien qu'il eût paru oublié dans les premières distributions de faveurs accordées aux artistes et aux écrivains inspirés par la marche triomphale de l'Empereur.

Il y a peu d'années, en 1851 ?..., ravissante de cette grace suprême qui sans recherche, à son insu, saisit les sens et l'intelligence par une révélation inattendue de mille perfections, une femme, le diamant d'une famille dont les femmes sont toutes d'admirables perles, dit à son entourage d'élite : « Ecoutez, Messieurs, écoutez ce cri déchirant du désespoir. » Cet appel à la pitié fut entendu : les matadors de la société lilloise marchèrent au-devant du malheur, comme Canrobert à la victoire, sublimes de simplicité. Un fanage de trois générations cessa incontinent, et le ciel seul sait par quels expédients d'exquise délicatesse,... il les avait inspirés.

Dans ces trois souvenances veuillez trouver l'explication de ma situation au moment où je vous dédie ces feuillets, à vous, Messieurs, les défenseurs du travail national pour la primauté duquel vous luttez avantageusement dans l'univers entier, à vous dont la montre avance toujours pour des traits de mœurs admirés, à vous, mes patrons bien-aimés, que sa Majesté l'Empereur tient en haute estime, que Lille environne d'un respect unanime, et que ma mère octogénaire bénit.

P. Loisel.

Lille, 13 Janvier 1854.

Nos Souhaits.

HOMMAGE

à Sa Majesté l'Empereur NAPOLÉON TROIS,

pour le premier Janvier 1854.

Paris se peuple de statues à l'ombre de monuments majestueux.

La Sologne assainie est dotée de fermes-modèles ; elle va offrir près de Salbris le point d'intersection de divers canaux.

L'Algérie devient un immense Eden agricole, une magnifique halte pour nos caravanes industrielles se dirigeant vers la *Suisse Tunisienne* ou vers Tembouctou par l'ancienne *Negeta* des romains (Nefta) ou par Tuggurt.

Nos temples saints sont décorés de chefs-d'œuvre qui publient la pieuse magnificence de notre souverain.

Les voies impériales, les édifices publics, les thermes, les aqueducs, les lavoirs se multiplient comme sous Auguste et sous Napoléon-Premier.

Il est pourvu somptueusement à la création de maisons d'étude et de prière pour les jeunes clercs comme sous Théodose-le-Grand et sous Charlemagne.

Le talent, le mérite, la vertu reçoivent des encouragements purs d'humiliations, des récompenses qui suffisent à la félicité d'une vie d'homme, des honneurs dont le souvenir constitue un patrimoine.

La considération officielle et des égards touchants environnent les vétérants du sacerdoce et du dévouement militaire comme aux plus beaux jours de notre histoire.

L'univers, sans étonnement, se sent instinctivement convié à la méditation quotidienne de prodiges accomplis la veille par le grand Monarque de France, de ce beau pays aux superbes souvenirs aimé et respecté de toutes les intelligences généreuses.

Les rayons de la gloire impériale dorent les primiciers de l'Université la plus docte et maintenant la mieux—ordonnée.

Les arts à-l'envi s'empressent de célébrer l'hégire de l'heureuse domination des esprits par une législation mansuète.

La plus ample distribution de travaux utiles maintient la portion la moins riche des travailleurs sous sa plus belle face, en protégeant la dignité humaine contre les sinistres conseils de la misère, **et la charité chrétienne ne fut jamais plus féconde en miracles :**

« Regis ad exemplar totus componitur orbis. »

D'heureuses larmes de la reconnaissance se mêlent à ses pieuses hymnes partout où une calamité : épidémie, incendie, inondation, avalanche, vient de sévir, aussitôt que le bruit en arrive jusqu'à Celui qui veille pour nous ses sujets et ses enfants.

Notre sol est purifié des souillures de ces jours d'épouvante et d'horreur où tout était Roi excepté le maître, où (pour parler comme Bossuet) *« Tout était Dieu excepté Dieu lui-même »* ; un homme nous a été envoyé *« fuit homo missus »* qui a aidé la France à se retrouver elle-même : Gloire à Lui !

A L'EMPEREUR ,

Au digne héritier du plus beau nom et du plus vaste génie de plusieurs siècles sinon de tous les temps ; au représentant le seul possible, le plus légitime et le plus généreux du principe de l'autorité dans les Gaules rajeunies ; à l'applicateur sagace des *Idées Napoléoniennes* au gouvernement de sa Maison, de chaque communauté civile, de chaque famille ; au prince dont huit millions de suffrages ont divinisé l'apostolat social, et couronné l'abnégation stoïque ; au restaurateur du crédit, de nos plus belles traditions, de la prééminence de l'armée, de la puissance de nos flottes, de nos alliances naturelles, de l'ascendant énergique et certainement indépendant du cabinet des Tuileries ; à l'habile conciliateur de tant d'intérêts divergeants ; au modèle de majestueuse affabilité, dont l'âme chevaleresque est si sensible aux hommages de cœurs vrais ; enfin au héros qu'il y a trois ans, (1) avec l'intuition d'une admiration sans borne, nous appelions « *Sa Majesté* NAPOLÉON TROIS, *par la grâce de « Dieu et la volonté nationale, Empereur des* GAULES; Roi d'Algérie, « Protecteur des Lieux-Saints, etc., etc., etc., » nous souhaitons ici « la « bonne année. »

Ill Gallo canta, si non fa l'alba.

L'empereur le sait, notre dévouement à Sa Majesté est inconditionnel, désintéressé, vraiment patriotique : on ne lui a jamais dit « *Commoda « incommodis adsint,* » et il n'en a nul souci ; il irait volontiers jusqu'au sacrifice de notre dernière goutte de sang et de notre dernier écu. Notre dévouement choie ce mot de saint Jean d'Avila, le grand philosophe chrétien, et de Thomas d'A Kempis, ce grand poète du cœur humain : « *Magna res est amor ;* » pas n'est besoin de certifier notre dégoût pour ces Bobêches littéraires sûrs de plus infimes admirateurs pour des lazzis de cette force commis en des correspondances au rabais : « Monsieur « Véron est membre du corps législatif pour Sceaux » — « Nous vivons « sous. . . . *un ciel si dur.* » (2) Il échet à notre dévouement (et nous en éprouvons certain orgueil) la haine de quelques courtauds de jacobinières mercantiles, de je ne sais quels Césars-Laridons, (3) de maints scélérats à froid en permanente conspiration de régicide par la calomnie et par le couteau, semeurs hebdomadaires de la *Fable* d'un attentat dont ils trahissent stupidement leur espérance et leur complicité intentionnelle.

Pur de l'endos vénal d'élucubrations malséantes de ces volontaires de la presse qui ont besoin de ténèbres, notre dévouement (dans sa respectueuse compatissance pour une famille trois fois rejetée dans l'exil avec les plus terribles stygmates du **fatum** antique) souhaite aux prétendants nomades tenus en réserve par des jalousies allemandes, l'oubli français et chrétien de rêves de domination future sur une terre qui les dévorerait tous. Incapable de l'acceptation d'aucun ridicule de la part d'un lâche raboteur de réclames vénimeuses, notre dévouement garde une épée au service de ses convictions : nous l'avons dit, pendant les festivités lilloises de Septembre dernier, dans notre dithirambe intitulé : « **La Bien-Venue** » :

> Par un pacte éternel, Père de la patrie,
> Nous nous donnons à Vous, âme, biens, bras et vie.
> Lisez dans tous les yeux l'amour de vos enfants.

---

(1) 31 Décembre 1850 : Mémoire DE LA PAIX PUBLIQUE. 1852 : Brochure intitulée : *Le* **22** *Octobre.*

(2) Molière a dit : *Nous vivons sous un prince ennemi de la fraude.*

(3) Voir aux Fables de Florian.

> Dieu, qui sonde les cœurs, nous sait reconnaissants.
> Sire ! allez recueillir sur la terre et sur l'onde
> L'hommage mérité de l'univers ravi ;
> Mais demeurez certain qu'en aucun lieu du monde
> Notre Napoléon ne sera plus chéri.

Aussi, de tout cœur, comme nos pères qui nous valaient bien faisaient devant le vainqueur de Bouvines, ou de Taillebourg, ou d'Austerlitz, nous nous mettons (par la pensée), à genoux devant le trône de notre grâcieux et glorieux Empereur pour souhaiter à Sa Majesté un long cumul d'émotions assorties à son excellente nature de Bonaparte, de Père de ses peuples, de Général de race, de lumière de son Conseil-d'Etat, d'Empereur-Chevalier modéré jusqu'au consentement longuement manifeste d'énormes sacrifices pour la paix du monde, mais résolu à ne laisser ni à la fortune, ni à l'avenir, ni à l'étranger, rien de ce que peuvent les contraindre à nous rendre une profondeur d'esprit sans seconde, un courage au-dessus de tout péril et de tout éloge, une audace incitée aux entreprises les plus considérables par des succès « *L'éternel entretien des siècles à venir.* »

Eh ! d'ailleurs, le **Pangallicisme** n'était-il pas de droit européen avant la paix boîteuse et mal-assise de Ryswick ?

« *L'accessoire suit le principal*; » donc, à qui appartiennent la *haute*, la *basse* et la *petite* Bourgogne, revient évidemment le reste de l'héritage de **Marie**, de cette princesse vassale de la couronne de France qui en considéra le mariage comme un rapt politique.

Sans parler des Tancrède, des Guise, héroïques précurseurs de l'impétueux Murat, depuis Louis XII jusqu'à Catinat et Vendôme, nos essaims belliqueux ont conservé une grande enjambée sur cette terre italique tant de fois totalement conquise depuis Brennus jusqu'à l'inoubliable prince Eugène de Beauharnais.

Nos agrandissements de territoire de 1794 à 1806 inclusivement constituaient des reprises fondées sur un droit traditionnel et imprescriptible... *per quæcumque jura homines fortes et bonos — consanguinitate, patriis incunabulis, paribus aris, uno sub numine sacris, moribus, lege, idiomate, laboribus, artium eodem zelu, militari in antiquis et recentissimè decore propinquos, fortibus et bonis jungentia...,* des recouvrements légitimes bien plutôt que des envahissements du flux violent de notre gloire. Ainsi décidé par la paix d'Amiens, et dans le sénat de rois d'Erfurth, et durant leurs adorations à Dresde. Cette consistance normale de l'empire a reçu une consécration plus sainte encore par le martyre quinquennal du demi-dieu, léguant à la Maison d'Este-Brunswick l'opprobre et l'horreur de sa mort. Aussi, si nous désertons

le poste d'honneur, l'avant-garde de la civilisation, si nous ne redeve
nons la France de Marengo et d'Austerlitz., notre nation (moins amou-
reuse de sa gloire, de son honneur, de sa dignité que d'intérêts matériels), périra vîte et périra avilie.

Qu'a-t-elle donc gagné à se faire petite?..

Nous savons tout ce que le besoin d'une absolution d'une complicité
de trente-trois années peut fournir de sophismes aux bénéficiaires des
déplorables entraînements de trois règnes dévorés par la suzeraineté du
convent appelé *Sainte-Alliance....* par antiphrase; nous ne nous en
alarmons guères : déjà le bon-sens national triomphe des artifices d'a-
mour-propre colère du *parti de l'Emigration* et de rhétorique vénale
de ses apologistes; il refuse fermement ce qu'on lui demande, d'un ton
lamentable, comme peu de chose, l'impossible pourtant, une génuflexion
devant cette politique de constriction, politique bâtarde, mesquine, doc-
trinaire, qui, selon M. Boissy-d'Aglas, n'avait pour manteau que la « *majesté du cynisme.* » L'on aura beau pressurer les magnifiques expressions
de la harangue princière de Bordeaux, l'on n'en fera jamais sortir une
approbation implicite de la mutilation du grand corps de la France, mutilation opérée en 1814 et maintenue en 1831 par un double crime

« Du *Mensonge incarné Prince de Bénévent,* »

Quelque chose de pareil à des pactes sarmates (*Pacta conventa*)
conclus entre le successeur du Roi des rois de 1811 et certains dé-
légués non - Palatins du commerce maritime, une sorte d'engagement
arragonnais de maintien d'une paix à toujours, à tout prix, à ou-
trance ignominieuse, ... dût le Sectaire couronné de Photius rappeler
dans Constantinople les horreurs des persécuteurs de l'Eglise nais-
sante, ... dût le Léopard Britannique (*Quæreus leo quem devoret*)
saisir loin du Gange une nouvelle proie toute fraîche de 80,000,000
de sujets. L'échafaudage élevé en 1804 par la puissante main de Napoléon I.er est encore debout, indestructible comme les fôrets séculaires
de nos montagnes où la nationalité française est si bien comprise ;
la pensée prédominante du testament politique de ce héros reste en
germe en trop de nobles cœurs pour que Napoléon III n'en fasse pas
l'œuvre de son règne, une œuvre dont Sa Majesté veuille jouir. L'univers entier partage là-dessus notre pressentiment: le chef actuel d'une
auguste lignée pure de tout pacte attentatoire à l'intégrité du territoire national limité suivant le projet de cadastre adopté au Camp de
Boulogne, Napoléon Troisième de nom est le Charles-Martel attendu
par les Gaules violemment scindées en des parcages impies.

> Tout a sa raison d'existence :
> L'Empire c'est la délivrance
> Du pays quarante ans étouffé l'arme-au-bras
> Sous de honteux traités, par la lâche indolence
> De princes d'outre-mer qu'il ne comprenait pas.
> Charlemagne qu'on recommence
> Voudra dénoncer dans Mayence
> La limite de ses états.
> L'aigle intrépide dont les ailes
> Se parent de plumes nouvelles
> Au retour d'un plus doux zéphyr,
> Vole au séjour de la lumière
> Plus brillant, pur de la poussière
> Dont l'hiver a pu le ternir.

Nul sentiment n'a davantage de profondes racines chez nos populations des départements du nord et de l'est, incessamment mises en branle par je ne sais quels échos lointains, nous apportant les appels et les prières d'hommes parlant notre langue, nés à l'ombre de nos aigles ou agités par les souvenirs d'un Législateur toujours *plus grand que les Pyramides*, catholiques comme nous, nos frères par tous les instincts, nos camarades de combats espérés, maudissant la domination étrangère en des lieux où campa Mérovée, où Childéric dort du sommeil éternel sur ses armes captives, où Charlemagne dicta ses capitulaires, où Louis XIV sourit à Vauban, où pendant vingt années haletèrent les relais de notre artillerie courant au but de campagnes de six semaines. Et cette fois encore, sous le sceptre d'un filleul de cent victoires, *la France serait trop loin !...* L'Empire s'avouerait impuissant à affranchir les monts d'où le premier Te Deum chanté pour Marengo retentit au-dessus des nuages ? L'Empire n'assurerait pas notre prompte rentrée à cheval, enseignes déployées, dans Sarre-Louis, dans Landau, dans Philippeville, dans Liége où le fracas de mille forges ne couvre plus le tonnerre de ce refrain : (1)

> « *Il nous entend : il vient !... nous suivrons à la guerre*
> » *Napoléon trois notre père !.... »*

> « Quis talia fando (2)
> » Temperet a lacrymis ?.

Ancien grenadier, nous ne blasphémerons pas l'honneur de notre pays.
Aujourd'hui surtout, nous souhaitons à notre Empereur vénéré la conservation de cette vigueur qui décuple une existence incessamment

---

(1) Chansonnier Liégeois. — (2) Virgile. *Enéide.*

vouée au soin des affaires publiques , sans qu'elles troublent le calme majestueux de l'âme la plus saine en un corps toujours dispos. « *Virum* Imperatorem *habemus* » que ce cri du Roi-d'armes du sacre impérial soit redit avec bonheur sur les rives du grand fleuve qui depuis huit lustres , loin de nous emportant à regret le tribut de ses eaux,

> « Répète au fond de ses roseaux
> « Honneur aux enfants de la France ! (1)

Après avoir sollicité l'interdiction de mention dans les journaux des mouvements de nos armées de terre et de mer , ou du matériel de nos arsenaux , non-publiés préalablement par le **Moniteur Universel** , nous souhaitons aussi à Sa Majesté Impériale la résolution de faire violence à sa clémence , afin de rassurer sinon de venger légalement , par la plus terrible répression des entrepreneurs d'échauffourées populacières , les mères , les épouses , les sœurs de nos guerriers à qui toute âme honnête voudrait des champs de bataille autres que nos grands centres industriels. Cette phrase du sophiste génévois « *La justice est tenue pour bonté* » n'offre qu'une traduction de l'Ecriture cette inépuisable mine du sublime et du vrai. Assez d'holocaustes de l'élite de la nation se nombrent en pertes d'effectif dans nos fastes régimentaires , au compte d'ambitions sans prétexte : que le fer et le feu , le pétard et la bombe , emportent jusqu'au dernier vestige des sotnias démagogiques et des cannibales dansant dans l'attente socialiste d'une orgie de sang !

Nous souhaitons à la France départementale le baillonnement perpétuel , la suppression radicale de ces débits de paradoxes , dont les boutiquiers « en leur vague furie » (2) s'estiment des hommes d'état , des Cambaçarès , des Maret , des Ducos , des Merlin , des Muraire , des Troplong , des Vaïsse , pour avoir.... peut-être ?... (du fond d'une cave ou du grenier de leur gîte champêtre) assisté à l'enterrement de quelque gouvernement mort du vice ou de l'excès de son principe. Bâtons flottants que cette espèce-là !...

Pourquoi ne pas tenter l'essai d'une transformation en

> « Artisans estimés dans un art nécessaire , » (3)

de ces saltimbaques de la périphrase qui (4) *portent leur tête comme*

---

(1) Béranger. — (2) et (3) Boileau. — (4) Desmoulins (Camille).

un saint sacrement, depuis telle soirée orageuse où de petits bour-geois avinés leur ont décerné l'ovation naguère imaginée pour Musard par des ribauds des bals de l'Opéra ?... Qui ne souscrirait pour une fourniture d'outils, pour étrennes, à des mendiants armés d'épigram-mes, cherchant lippée à la pointe de calomnies.... et qui s'en vantent ; monnaie minuscule et fruste d'aboyeurs qu'à une époque maudite un boulet de canon portait au ministère, bravi toujours prêts (pour un écu) à l'assassinat d'une réputation ou d'une vérité, négateurs éter-nels des bienfaits du Gouvernement, pâles adulateurs de la Magistra-ture qui les méprise, menacés du *self - justice* d'innombrables plai-gnants ?

Du jour où la liberté de nuire aura été ravie à ces spéculateurs sur le scandale, qui (d'un trait de plume inique) compromettent avec complet désouci les intérets moraux et matériels d'une famille, cette presse consciencieuse qui, moins avare de critiques que d'éloges, peu médisante, ne calomniant jamais, sent, pense, sait et s'énonce tou-jours bien, — la presse honorable pourra partout dans sa sphère re-lative d'action, prêter à l'administration un concours recommandable : les intentions de Sa Majesté l'Empereur seront plus universellement appréciées, les vœux réels et les sentiments du pays entier s'élève-ront vers le trône de Napoléon – Trois comme la spirale de prières qui unit la terre aux cieux, nous serons fondus en un peuple n'ayant qu'un cœur et qu'une âme face-en-tête à l'ennemi, nous toucherons au terme assuré des parades grotesques et du trop long carnaval de nos *mécontents de profession.*

Avec les journaux délices des portiers et des tavernes disparaîtront vos sémaphores au chiffre ultrà-révolutionnaire, à vous mauvaises pas-sions sans nom comme sans sommeil et sans entrailles, à vous qui tenant.... par l'habit et par quelque bribe de savoir douteux.... à une profession estimée, vous rangez par affinités électives dans la lie du banditisme terroriste, affamée des abominations d'une guerre civile, gibier de Cayenne ou de Clamart, de l'acabit forcené du petit Alavoine !!

Alors aussi, vous rentrerez dans votre obscurité pristine, copistes infortunés de la rouerie de Fauche-Borel, de la verve atroce de Mont-gaillard, de l'étincelante fatuité de Calonne, péchés rabougris et éden-tés, frondeurs sans mousquets, mestres-de-camp veufs de vos bandes, Titans sans force et sans bras, épuisés même d'ironie, qui appelez (dit-on) une nouvelle invasion dans le fol espoir d'aller de nouveau « *décapiter la gloire !* »

« . . . . Craignez *que l'heure sonne*
» *Où tout cœur d'homme vibre, où toute chair frissonne….*

S'ils venaient vos amis nos ennemis, nous vous enterrerions avec eux dans les champs qu'ils auraient foulés ; cette année-là le fumier serait moins cher et votre mémoire condamnée à un éternel oubli.

Alors aussi finira certaine coterie qui remue dans l'ombre, coalition de rancunes, compagnie d'assurances mutuelles contre le gouvernement impérial qu'elle cherche à tourner, dont on cite timidement le nom changeant, et dont voici (m'assure-t-on) un signalement assez exact :

Ce monstre acéphale sait tout feindre et tout dissimuler. Il a sa *morale* à lui, négative de toute différence entre le crime et la vertu. Orgueilleux d'avoir démoli mainte administration, il avoue l'espoir de ruiner hommes et choses du régime nouveau.

« Les plus belles plantes (dit-il) croissent sur le fumier; » il aime les ruines et les ténèbres comme l'hyène : il s'est enrichi par la contrebande, surtout de 1815 à 1818.

Il vise sans cesse à l'affaiblissement de l'autorité, il s'essaie à en désarmer la force.

Il entrave sans bruit le travail de dissolution des partis qu'il réorganise, qu'il caresse tous sans préférence apparente. Artificieux, il interpose son influence entre les fonctionnaires qu'il calomnie ou ridiculise et la population dont il pervertit les meilleurs instincts. *Impudentissimè*, il porte aux nues la *gloire* de brouillons qu'hier il poursuivait de sarcasmes, d'anathêmes, de…. dénonciations. Il vient de découvrir, il préconise un *Montesquieu* dans un petit juriste normand fort fat, fort fade, fort flasque : histoire de mettre au ventre dudit monsieur *Propret* le démon des audaces prétoriales de la pire basoche. Grand parleur de charité, il se fait quêteur pour établir un examen de votre conscience d'après les statuettes et les gravures de votre cabinet ; il distribue fastueusement *vos* aumônes qu'il limite au cercle de ressentiments exploitables et règle selon la couleur de la cravate du client.

S'il rencontre en chemin des intérêts froissés le plus communément par d'ardentes concurrences, il les incite à se proclamer les victimes « des changements politiques et du malheur des temps. »

Le monstre a les plus chauds embrassements pour les ambitions morfondues de tout étage et de toute livrée; il a des pleurs de crocodile

sur le désappointement décembriste de l'instituteur Stentor et de Blanchet
votre fumiste qui seraient devenus Représentants et, *à-fortiori*, Briga-
diers d'octroi ou Tambours-Majors de la garde nationale. — Comédie
superlative !!

Devant les personnes de bonne volonté pour l'Empire, il affecte des
airs de matamore, des dédains inouïs, des phrases à deux tranchants ;
mais vous fâchez-vous ?... Adieu, seigneur Polichinelle !.. Le pourfendeur
est parti vers la Seine ou la Loire. Au retour, il recommence sa guerre
au couteau contre les journaux dont l'unique crime est un esprit droit,
aimable, piquant, de haut aloi, de grande portée ; il continue à tâter
partout le terrain, demandant place pour presque rien, pour un *en cas*
homicide, une foucade, une machine infernale. Il colporte les alarmes
et il en forge, comme si le même jour où le château de Claremont
s'ouvrirait pour d'insolentes comédies d'un Sertorius moins le génie, notre
Empereur ne devrait pas dater ses décrets de Laeken. Il a d'ailleurs (je
parle de l'ourdisseur d'intrigues), ses journaux avec leur *mob* de rédac-
teurs-nominaux et leur *gentry* de souffleurs ou de correcteurs, miroirs
vivants de toutes les hypocrisies transcendantes et putrides, cohue qui
harcèle, bouleverse, brise tout obstacle intelligent, comme la locomotive
fait d'un peu de sable, au premier signe d'une vhémie qui s'est long-
temps crue introuvable. Voulez-vous du Fouquier-Tainville blanc sale,
du Canuel, du Cadoudal, du Tartuffe ?... Il en est pourvu et de reste,
demandez plutôt à tant de réputations impitoyablement sacrifiées !

C'est le monstre qui a supprimé, c'est lui qui supprime la prière pour
l'Empereur au prône dominical et aux saluts solennels de mainte paroisse,
et plus notoirement encore le **Domine salvum fac** dans les chapellenies
asservies presque toutes à son influence plus ou moins médiate. C'est lui
qui, factieux jusqu'au sacrilège, altère la majesté du catholicisme et
dénature le caractère des processions à-peine rétablies, par une imperti-
nente profusion d'emblèmes empruntés aux sanguinaires théories des
saints Trestaillon et Truphémy, de 1815.

Hier, il évoquait le spectre de la famine, il comprimait dans les ate-
liers les cris de **Vive l'Empereur**, il attardait les ralliements au drapeau
vivant de la France, par la menace ou la promesse d'un nouveau cata-
clysme social, il représente maintenant la « disparition » de l'Empereur,
la « **suppression du Tyran** » (sic) comme un fait possible,... pro-
bable,... prochain.

Dans son désespoir causé par les répugnances évidentes des générations qui ont quitté la robe prétexte, pour sa bannière, pour son joug
humiliant, il recrute des Pupilles, il enrégimente des Vélites qu'il façonne
en instruments futurs de ses haines implacables, au moyen du simple

développement de cette pratique : — Par un silence absolu sur le souverain régnant, contraindre la jeunesse à chercher sur des rives lointaines une personnification de l'autorité.

Malte-Brun avait raison de répéter cet adage : « La faiblesse conduit toujours à la perfidie. »

Nous avons montré du doigt des fléaux intelligents de l'an 1853; qu'on en neutralise l'action, qu'on l'annihile, et « *Omnia in partem Cæsaris cadent :* » nous n'aurons plus à souhaiter à **Sa Majesté l'Empereur**, qu'une longue possession des trésors d'amour et de grâce réunis chez cette noble fille de Pélage qu'ont prédestinée au rôle historique de notre **Impératrice** la douce majesté de ses vertus, l'éclatante renommée de sa bienfaisance; la délicatesse d'un esprit prompt à mille nuances toujours nouvelles, l'expression intraduisible d'un visage où la santé rayonne. sous une peau d'une admirable finesse, une démarche qui rappelle ce trait d'un latin : « *Et toto incessu patint Dea,* » un regard qui commande le respect, un sourire qui désarmerait les brigands dont Salluste disait : « *Feroces animi, truces vultus,* » une voix suave dont chaque phrase semble un verset d'hymne angélique et chaque note un mot qui pénètre. Alors, avec un bonheur sans mélange, nous nous écrierons : « **Vive l'Impératrice !... Vive Napoléon !... Vive l'Empereur** notre amour et notre orgueil ! »

P. LOISEL.

www.ingramcontent.com/pod-product-compliance
Lightning Source LLC
Chambersburg PA
CBHW051508060726
47596CB00007B/2967